Couverture inférieure manquante

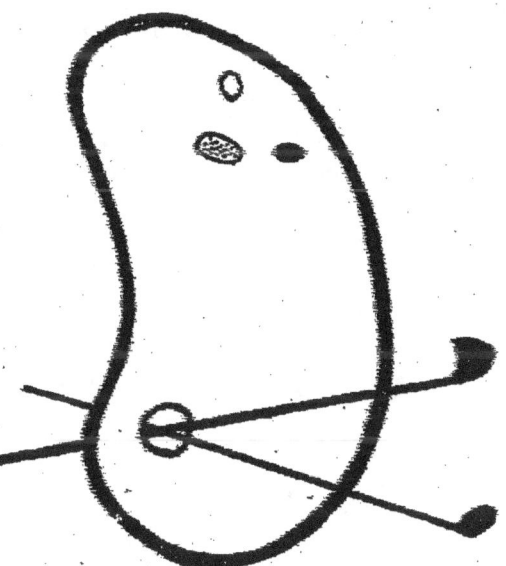

DÉBUT D'UNE SÉRIE DE DOCUMENTS
EN COULEUR

LE SALON

DE 1864

IMPRESSIONS

DE

M. DE LA PALISSE

PAR

GEORGES SEIGNEUR

Avocat à la Cour Impériale

PARIS

E. DENTU, Palais-Royal, galerie d'Orléans, 17.

1864

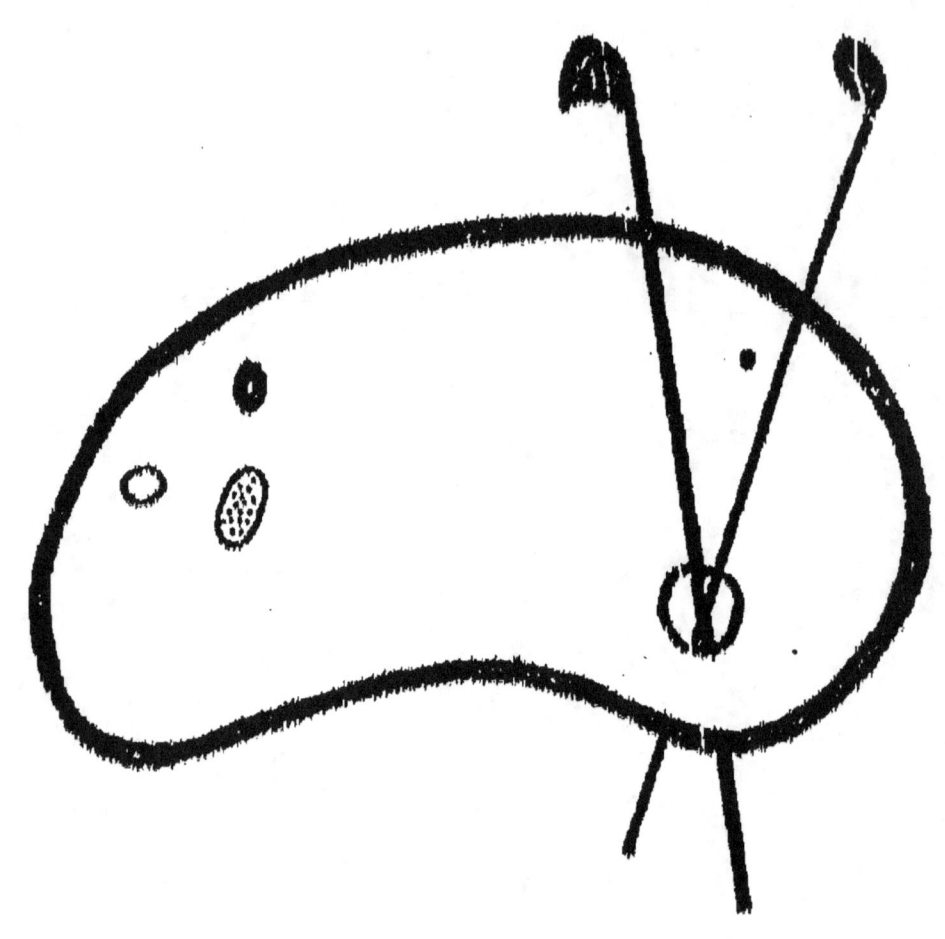

FIN D'UNE SERIE DE DOCUMENTS
EN COULEUR

LE SALON DE 1864

IMPRESSIONS DE M. DE LA PALISSE

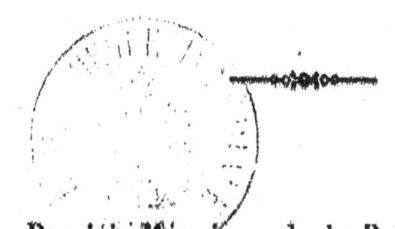

— Par ici Monsieur de la Palisse.

— Où sommes-nous ? Dans le salon des refusés ? Nous étions dans le salon d'honneur.

Je vis l'erreur de M. de la Palisse. Mais je ne voulus pas le détromper.

— C'est une bonne idée, reprit-il, c'est une bonne idée que vous avez eue là de nous faire débuter ainsi. Commençons par en finir avec les refusés. Nous aurons ensuite l'esprit libre pour admirer les autres.

— Laissons-le faire, pensai-je, sa méprise lui fera dire de bonnes vérités.

M. de la Palisse est resté l'homme que j'ai décrit ailleurs (1). Il a le don de ne pas vieillir. Il est à peine, à peine courbé. Son teint n'a rien perdu de sa fraîcheur. La naïve bonhomie de son expression ne s'est pas altérée. La vivacité de son regard ne s'est pas éteinte. Ce vieillard est un enfant.

Il a toujours sa perruque blanche, ses ailes de

---

(1) *Les Soirées de M. de la Palisse.* — Revue du Monde catholique.

pigeon, son chapeau antique, son habit à grandes basques, son gilet à ramages, son jabot et ses manchettes de dentelle, sa grosse montre qui bombe son gousset, ses breloques, sa culotte courte en casimir noir, ses souliers à boucles d'argent. Cette mise du vieux temps ne brave pas la mode, mais l'ignore, et la foule vêtue à la façon du jour, a l'air d'un anachronisme.

Le dépôt des cannes et parapluies étant facultatif d'après un avis placardé à la porte d'entrée, M. de la Palisse avait gardé sa canne à pomme d'or.

Après avoir inspecté la salle, il me prit le bras. Puis, désignant avec sa canne le tableau qui porte le n° 261, et qui représente *Jubal enseignant la musique à ses enfants :*

— Le jury, me dit-il, a fort bien fait de refuser cela. Je lui en fais mon compliment. Le peintre n'a pas seulement pris le temps d'habiller ses personnages. Pardon ! Il a commencé le pantalon bleu qu'il destinait à ce vieillard. Mais les autres, jeunes gens et jeunes femmes..... Franchement, quand on a si peu d'étoffe à sa disposition, il ne faudrait pas prodiguer ainsi les personnages. Avant de se donner des charges, il faut calculer ses ressources. Si vous n'avez pas de quoi vêtir vos personnages !....

— Vous vous trompez, Monsieur de la Palisse. Ce n'est pas par précipitation ni par pénurie que l'auteur de ce tableau a refusé le vêtement à ses personnages. Le tableau est terminé, et le bleu, le vert ou le jaune du vêtement ne coûtent pas plus cher que le bleu, le vert ou le jaune de la jambe ou du torse.

— Il a fait exprès? En êtes-vous bien sûr?

— Très sûr.

— Je ne l'aurais pas deviné. Mais alors, cet homme n'est donc pas un artiste?

— Vous me faites toujours des questions comme celle-là, Monsieur de la Palisse.

— Comment? Cet homme est un artiste! En êtes-vous bien sûr?

— Très sûr.

— Mais alors un artiste n'est donc pas un homme qui cherche à exprimer le beau?

— Monsieur de la Palisse, j'ai essayé il y a deux ans, à propos de certaines statues aussi laides que nues qui se montrent encore au jardin des Tuileries, j'ai essayé, dis-je, de vous mettre au courant du langage contemporain. Vous parlez une langue qui n'a plus cours. Vous confrontez les mots avec les idées. Nous avons corrompu les mots, et nous leur avons fait oublier les idées.

— Vous avez très mal fait.

— J'en conviens. Mais je me borne à vous expliquer comment un homme qui offre au public le contraire du beau peut en France, au XIXᵉ siècle, être considéré, et se considérer soi-même, de très bonne foi, comme un artiste.

M. de la Palisse réfléchit un moment. Puis il ajouta :

— Après cela, peut-être l'auteur de ce tableau croit-il que ces jambes, ces torses, ces dos, ces...... constituent le beau. Est-ce qu'on ne pourrait pas le tirer de son erreur?

Quelques minutes après, M. de la Palisse aperçut dans la même salle le n° 173.

Le tableau représente un jeune homme et une jeune fille nus courant dans un cirque. Leurs ombres se croisent en forme d'araignée.

— On ne devrait pas même, dit M. de la Palisse, admettre ces choses-là au salon des refusés.

Le n° 672 attira les regards de M. de la Palisse. L'Océan, ou soi-disant tel, figure dans ce tableau à titre d'accessoire. Le principal, c'est une femme nue accroupie, et surmontée d'un amour. M. de la Palisse haussa les épaules et me dit :

— Cela représente?

— Cela représente Vénus et l'Amour.

— Est-ce que l'auteur est un idolâtre?

— Cela dépend du sens dans lequel vous prenez ce mot.

— Est-ce qu'il peut avoir deux sens? Je vous demande si l'auteur adore les idoles?

— Oui et non.

— Oui et non! vous êtes impatientant. Si c'est oui, c'est oui; si c'est non, c'est non.

— Cela devrait être. Cela serait, si les hommes vous ressemblaient; mais les hommes ne vous ressemblent pas, monsieur de la Palisse. Le oui et le non s'accordent en eux. C'est ce qui me force bien souvent à vous répondre comme je viens de le faire.

— Alors, expliquez-vous; car je ne comprends pas.

— L'auteur n'est pas idolâtre, en ce sens qu'il

ne fait pas profession d'adorer les idoles. Il est probable qu'il est baptisé, mais il l'a oublié ; dans l'intérieur de son atelier, c'est un idolâtre.

— J'entends ; mais il me semble que c'est de l'inconséquence.

— D'accord. L'auteur n'est pas idolâtre, en ce sens qu'il ne se livre pas aux cérémonies par lesquelles on célébrait autrefois le culte des idoles.

— Pardon ! il leur sacrifie des victimes humaines. Et M. de la Palisse me montrait la foule.

Puis se tournant du côté d'un énorme tableau :
— Ceci représente ? me dit-il.

— *La Présentation de la Sainte Vierge au Temple*, répondis-je.

— En êtes-vous bien sûr ?

— Très sûr.

— Cette petite fille, c'est la Sainte Vierge ?

— Comme vous dites.

— Mais elle a l'air d'une petite poupée à ressorts. Vous vous trompez. Ce n'est pas la Sainte Vierge.

— Voyez le livret.

Je me gardais bien d'attirer pour le moment l'attention de M. de la Palisse sur un certain nombre d'œuvres remarquables qui figurent dans le grand salon. Si j'avais montré à mon compagnon les deux tableaux de Meissonier, *L'Empereur à Solferino*, nº 1328, et *Napoléon Iᵉʳ en Russie*, hors concours, sans numéro ; l'*Épisode du Retour de l'île d'Elbe*, par M. Hippolyte Bellangé, nº 124 ; *Une messe en mer* (1793), par M. Duvau, nº 621 ; *La Fin de la Halte*, par M. Protais, nº 1588, et le *Passage du*

Mincio en 1859, par le même, n° 1589; le portrait de Mgr Dubreuil, archevêque d'Avignon, par M. Marzocchi de Belluchi, n° 1308, M. de la Palisse aurait bien vu que nous n'étions pas dans le salon des refusés.

— Traversons vite, reprit le vieillard.

Nous entrâmes dans une des salles contiguës au Salon central, dans la salle 5 (lettres D E F). Je remarquai sans rien dire, de peur de détromper mon compagnon, le tableau qui porte le n° 501 : *Réception d'un étranger chez les Trappistes*, par M. Jules Dauban. M. de la Palisse, qui regardait du côté opposé, aperçut le tableau de M. Dauvergne, digne élève de M. Couture. Ce tableau, n° 507, représente une femme jaunâtre accroupie. Le livret l'intitule : *Femme nue.*

— Quelle horreur! s'écria M. de la Palisse.

Tout à côté, M. Edouard Dubufe étale une femme nue rosâtre. Cela s'appelle *Le Sommeil.* N° 615.

Ces deux tableaux n'étaient pas de nature à détromper M. de la Palisse.

— On a bien fait de refuser cela, me dit-il; mais on ferait encore mieux de soustraire absolument aux regards du public des tableaux de cette nature.

M. de la Palisse s'arrêta devant le n° 622.

Représentez-vous une grosse femme demi-nue, les plis de sa viande accentués avec intention, une face rouge, et un occiput! Elle fait sa toilette, elle se peigne.

M. de la Palisse ne put retenir une exclamation de surprise et de dégoût.

Quand il se fut un peu remis de sa première impression d'horreur, il reprit :

— Je vous demande pardon de me répéter, mais il faut bien passer quelque chose aux vieillards. Encore une fois, je rends justice à l'intention du Jury ; il a bien fait de refuser ces cochonneries. Mais !....

Après une pause :

— Pourriez-vous me dire au moins quel nom l'auteur de ce tableau a pu lui donner?

— 622 : *le Matin*.

— Vous confondez?

— 622 : *le Matin*.

— Et vous êtes bien sûr que ce n'est pas une faute d'impression?

— Très sûr !

— Eh bien! en ce cas, il y a quelque chose qui dépasse l'horreur de cette composition, c'est de la nommer ainsi! C'est la profanation! Mais cet homme n'a donc jamais vu se lever le soleil!

Nous traversâmes la salle 6 (F G), dont le centre est occupé, cela va sans dire, par une femme nue blanchâtre, qui représente *Ève*. Dans un coin de la salle, nous vîmes un tableau qu'il faut décrire. C'est un signe du temps.

Le centre de ce tableau est occupé par les reins d'une femme blanchâtre dont vous entrevoyez à peine la tête, et dont les jambes sont coupées par le cadre. Le peintre a voulu concentrer l'attention et fortement accuser l'unité de son sujet.

— Singulière négligence ! s'écria M. de la Palisse,

on a mis ce tableau à l'envers ; il faut aller prévenir afin qu'on le retourne et qu'on le remette à
l'endroit.

— Monsieur de la Palisse, j'admire vos erreurs,
qui sont erreurs par notre faute. Mais, laissez-moi
vous le dire, il n'y a pas là de négligence, il y a un
parti pris.

— Que voulez-vous dire ?

— Je veux dire que l'auteur de ce tableau a fait
exprès.

— En êtes-vous bien sûr ?

— Très sûr !

— Pourriez-vous me dire, au moins, quel nom
l'auteur a pu donner à son tableau ?

J'ouvris le livret, et au n° 778 je lus ces mots : *le
Repos*.

Le vieillard fit un saut en arrière, puis il reprit :

— Vous confondez.

— 778 : *Le Repos*.

— Et vous êtes bien sûr que ce n'est pas une
faute d'impression ?

— Non, Monsieur de la Palisse, ce n'est pas une
faute d'impression.

— L'auteur ne savait peut-être pas très bien le
français ? il ne savait peut-être pas le sens du mot
repos ?

— Cela, c'est évident ! il nous dit par son tableau quelle idée il a du repos.

— Il croit peut-être que *repos* veut dire....

— Non, Monsieur de la Palisse, il ne se méprend
pas comme vous l'entendez, il ne prend pas un mot

pour un autre ; seulement, il vous dit, et il dit au public, quelle idée ce mot éveille en lui.

Nous entrâmes dans la salle 7 (G H). M. de la Palisse s'arrêta devant le n° 794.

Représentez-vous une courtisane vêtue depuis la cheville jusqu'au bas-ventre, et depuis le ventre jusqu'au cou. Elle n'est pas décolletée. Mais, entre deux costumes, elle fait saillir un ventre nu, énorme, que regardent deux ou trois individus assis autour d'elle.

Avant l'ouverture du salon, ce tableau s'appelait : LA DANSE DU VENTRE. Maintenant, il a pour titre : l'*Almée* (1). Ce ventre, déjà cadavérique, ce ventre purulent, a l'air de vouloir sautiller. C'est à se trouver mal ! C'est à vomir ! M. Gérôme est depuis longtemps pour beaucoup dans la dégradation de l'art français. C'est lui qui peignait, il y a deux ans, *Phryné devant l'Aréopage*. L'avocat de Phryné lui arrache son voile, et la montre nue aux vieillards. Qu'a de commun avec l'Art un pareil fait ? Quel besoin d'en perpétuer le souvenir ? Laissons-le à la Grèce, dont il est digne. Elle adorait la courtisane. Quel besoin l'art moderne éprouve-t-il donc de s'enfermer dans le tombeau de la Grèce ? Veut-il s'y faire manger des vers ?

Cette année, Phryné toute nue ne suffit plus à M. Gérôme. Auprès de cette Almée qui semble craindre de prodiguer la nudité, et qui la réserve, comme une chose précieuse, pour la concentrer tout entière sur le ventre et le bas-ventre, Phryné toute nue était collet-monté.

(1) Courtisane arabe.

J'apprends par le livret que M. Gérôme est professeur à l'Ecole des Beaux-Arts, et membre du jury de l'Exposition. MM. les artistes lui ont donné 143 voix sur 223...

Nous étions, dis-je, devant le n° 794.

M. de la Palisse, cette fois encore, ne put retenir une exclamation de surprise et de dégoût.

Il s'assit sur un canapé.

— Cela fait mal, me dit-il, en me prenant la main. Cela fait mal, mon enfant. Quand on pense que des créatures raisonnables font un pareil usage de la créature inanimée, de la toile, des couleurs, du pinceau ! Cela fait mal ! Cela fait mal ! Cela fait mal !

Depuis quelque temps, je voyais errer dans les salles un groupe composé comme il suit. A la tête du groupe, un Monsieur tout de noir habillé. Cravate blanche. Lunettes d'or. Chapeau sous l'un des bras. Il donnait l'autre bras à une dame dont la toilette fastueuse ne brillait pas par le bon goût. Un collégien et trois demoiselles suivaient. L'une d'elles tenait par la main une petite fille de dix ans.

Ce groupe s'étant avancé, je reconnus M. Prudhomme, que j'avais plusieurs fois rencontré chez son locataire, M. de la Palisse.

Au même moment, M. de la Palisse se leva.

— Ce pauvre M. Prudhomme ! s'écria-t-il. On aurait dû l'avertir. Il s'aventure avec Madame Prudhomme, avec son fils, avec Mesdemoiselles ses filles, avec une enfant, au milieu de ces turpitudes. Personne n'a eu la charité de lui dire qu'il est au milieu des toiles refusées.

Avec une promptitude singulière, M. de la Palisse courut au devant de M. Prudhomme.

— Vous cherchez les tableaux admis, dit M. de la Palisse à M. Prudhomme. Je les cherche aussi. Nous allons demander à l'un des gardiens de vouloir bien nous les indiquer.

— Que voulez-vous dire? reprit M. Prudhomme.

— Je cherche comme vous les tableaux admis, et je suis fatigué des tableaux refusés. Venez!

— Mais, Monsieur de la Palisse, reprit M. Prudhomme, nous n'avons pas besoin de chercher bien loin les tableaux admis. Les voilà!

— Du tout, reprit M. de la Palisse; nous sommes dans la salle des tableaux refusés. Rien qu'au choix des sujets!

— Il est vrai, reprit M. Prudhomme, il est vrai... que... parmi ces sujets... il y en a quelques-uns... peut-être... d'un peu... risqués; mais, que voulez-vous?... il faut bien faire une petite place à l'art!

M. de la Palisse commençait à devenir inquiet, il commençait à croire M. Prudhomme. Le sérieux avec lequel ce personnage venait de lui assurer que nous étions dans la salle des tableaux admis, et partait de là pour indiquer ses théories sur l'art, faisait craindre à M. de la Palisse de s'être trompé.

Sa physionomie trahissait une angoisse naïve.

Se tournant vers moi :

— Voyons, sérieusement, où sommes-nous?

— Dans la salle des tableaux admis.

— En êtes-vous bien sûr?

— Très sûr !

— Je trouve, reprit M. Prudhomme, que l'Exposition dénote un progrès. Il y a plus de fermeté dans le dessin que l'année dernière. Qu'en dites-vous, Monsieur de la Palisse?

M. de la Palisse gardait le silence.

— Voyons, Monsieur de la Palisse, reprit Madame Prudhomme, en faisant une moue, comme le disait tout à l'heure mon mari, il faut bien faire une petite place à l'art.

— Non, Madame, il faut lui faire une grande place !

— N'allons pas si loin, reprit M. Prudhomme, vous êtes toujours dans les extrêmes.

Pendant que la bande composée du collégien, des trois demoiselles à marier, et de la petite fille, cheminait en liberté dans la salle 7, M. et Mme Prudhomme allèrent s'asseoir. M. de la Palisse s'assit à côté de M. Prudhomme, je m'assis à côté de M. de la Palisse.

— J'admire le beau; j'ai horreur du laid, reprit M. de la Palisse. Si vous appelez cela être dans les extrêmes, vous dites vrai! A ce compte, les La Palisse, de père en fils, ont toujours été dans les extrêmes.

— Les Prudhomme, de père en fils, ont toujours été dans le juste-milieu.

Ceci fut dit d'un ton solennel sur lequel se modela aussitôt la mine de Mme Prudhomme.

— Monsieur de la Palisse, reprit M. Prudhomme,

nous ne pourrons jamais nous entendre. Vous confondez toujours la morale et l'art. Mon Dieu ! la morale n'est pas l'art, et l'art n'est pas la morale ! Que deviendrait l'art, si, nous autres bons bourgeois, nous lui imposions nos habitudes ? Te rappelles-tu, madame Prudhomme, de ce que disait le journal ?

— Tu sais bien, monsieur Prudhomme, que je n'ai pas de mémoire.

— Monsieur de la Palisse, vous avez peut-être raison si on se place à un point de vue trop absolu. Il serait fâcheux pour la décence publique que les tableaux qui vous font crier devinssent des gravures de modes, et que Mᵐᵉ Prudhomme, par exemple...

Et M. Prudhomme eut un gros rire sourd.

— Ce que nous venons chercher ici, continua-t-il, c'est le beau. Ce qui ne nous empêche pas, censeur que vous êtes, de pratiquer chez nous toutes les vertus de famille. Il faut faire la part de chaque chose. On peut être un bon père de famille, une bonne mère de famille, et cependant ne pas renoncer tout à fait au beau. Vous êtes exagéré ; car enfin, sérieusement, où est le danger ? Cela peut bien exciter un moment l'imagination, mais cela ne trouble pas la raison; c'est sans conséquence. Personne ne songe à mettre le beau dans la vie privée.

— On a tort, monsieur Prudhomme; il faut mettre le beau partout, excepté dans le laid, et c'est là précisément, là seulement, que vous le mettez.

— Papa, dit le collégien, qui venait de s'approcher de nous, sais-tu ce que ça représente, ça ?

Et le rhétoricien montrait du doigt le tableau qui porte le n° 822.

Mesdemoiselles Prudhomme se tenaient devant le tableau, raides comme des piquets, et le tableau qui porte le n° 822 se mirait dans leurs yeux bleus.

M. Prudhomme ouvrit le livret et lut à haute voix :

— 822 : *Un Déjeuner dans l'atelier.*

Ce tableau représente une atmosphère souillée de vin et de tabac. Dans cette atmosphère s'étalent attablés, hommes et femmes débraillés. Il semble que dans cette atmosphère lourde et épaisse on *voie* circuler leurs propos.

M. Prudhomme prit un air grave :

— Vois-tu, Polyte, ce sont des artistes. Il ne faut pas juger ce monde là d'après nos idées. C'est un monde à part. Comme nous leur demandons de nous distraire, de nous émoustiller, nous devons leur passer leurs fantaisies. Tu comprends, mon bonhomme.

— Oui, papa.

— Les artistes sont des gens de désordre. Non seulement je le leur passe. Je vais plus loin. Je dis qu'il n'en peut pas être autrement. Qu'est-ce qu'un artiste, Polyte? C'est un homme d'inspiration. Qui dit inspiration dit désordre. Suis bien mon raisonnement. Tu es trop jeune pour avoir vu jouer une pièce intitulée : *Kean ou Désordre et Génie.* L'auteur doit être un homme de bon sens...

— Oui, papa, c'est Dumas père.

— Va pour Dumas père! Il a ses petits travers

comme tous les artistes. Mais il a dit un de ces mots courts, brefs, saisissants. J'entends encore Frédéric Lemaître, qui jouait le rôle de Kean, s'écrier :

Si vous m'ôtiez mon désordre, vous m'ôteriez mon génie.

Tu entends, Polyte? Voilà les artistes.

— Oui, papa.

— Je te l'ai dit bien souvent, Polyte, et je te le redirai tant que tu seras disposé à profiter de mon expérience, l'homme qui veut réussir, arriver, parvenir, et c'est là, en définitive, le but de la vie, ne dédaigne pas pour cela les distractions agréables que l'art procure. C'est un passe-temps qui en vaut un autre. Après une journée d'affaires, l'homme positif n'est pas fâché d'avoir chez soi quelque chose de gentil et de proprement peint. Il ne chicane pas l'art sur les licences que celui-ci prend volontiers. Pourvu qu'en définitive la décence soit respectée ! Il faut être très large sur ce point. Mon bonhomme, va rejoindre tes sœurs.

— Oui, papa.

— Hyppolite, dit madame Prudhomme, dis-leur de ne pas s'arrêter trop longtemps devant le même tableau. Il y a une limite à tout.

— Oui, maman.

Puis se retournant, Mme Prudhomme ajouta :

— Il n'y a pas de mal à leur faire voir un peu de tout. Cela les forme. Cela les déniaise. Mais il ne faut pas abuser.

M. de la Palisse gardait le silence.

— Vous direz encore, censeur infatigable, reprit

M. Prudhomme, que nous ne savons pas élever nos enfants. Voyez !... de ce tableau.... peut-être.... un peu.... risqué.... j'ai su faire sortir, à l'adresse de notre ami Polyte, une leçon de conduite pratique pour le reste de ses jours.

— Je ne me suis pas permis de vous interrompre, monsieur Prudhomme, répondit M. de la Palisse. Mais vous avez donné à votre fils deux idées fausses. Vous lui avez donné une idée fausse de l'art. Vous lui avez donné une idée fausse de l'ordre. Parmi les artistes désordonnés, il y en a peut-être beaucoup qui doivent leurs malheurs passés, présents et à venir, à une éducation de ce genre. Si votre fils devient un jour artiste....

— Mon fils ne deviendra pas artiste....

— Je voudrais bien voir, s'écria Mme Prudhomme. Par exemple !

— Tant mieux ! reprit M. de la Palisse. L'Art y gagnera. Se souvenant de vos leçons, le malheureux associerait l'idée de l'art à l'idée de désordre. Mais je vous accorde qu'il ne sera pas artiste. Je vous accorde même que vous en ferez, dans un certain sens, un homme d'ordre. Tant pis ! car l'ordre sans amour n'est pas l'ordre.

A ce mot d'amour, M. Prudhomme, à qui ce mot rappelle les chansons de Béranger, *Lisette*, etc., regarda M. de la Palisse.

— Ah ! Monsieur de la Palisse, nous n'avons pas vieilli !

Hippolyte et ses sœurs se présentaient en ce moment devant leur père et leur mère.

— Dis donc, maman, dit l'aînée, jeune personne élancée, aux cheveux blonds, au teint rose, nous ne trouvons pas ce tableau qu'on dit être si gentil.

— Tu sais, maman, poursuivit le collégien. C'est: *L'Amour lutinant l'innocence*.

— Oui, dit M. Prudhomme, on nous a bien recommandé de ne pas le manquer.

Il se leva brusquement comme un homme d'affaires qui craint de manquer un rendez-vous.

Et, se tournant vers nous :

— Vous ne venez pas ?

— Si vous me le permettez, reprit M. de la Palisse, je vais me reposer encore un moment.

Tout à coup, la petite fille de dix ans, qui donnait la main à l'une de ses grandes sœurs, ouvrit la bouche. S'accrochant à la robe de sa mère, elle posa la question suivante :

— Maman, papa, pourquoi donc tous ceux-là ne sont-ils pas habillés ?

Cela était dit d'une voix fraîche et argentine.

La petite fille ajouta :

— C'est laid.

— Chut, Mademoiselle, reprit Mme Prudhomme, en abattant du revers de la main celle de sa fille. Voulez-vous bien vous taire ? Cela ne vous regarde pas. Cela ne regarde pas les enfants. Ce qui est laid, c'est de faire des questions. Ne vous mêlez pas de ce qui regarde les grandes personnes.

M. de la Palisse haussa les épaules.

Après les saluts d'usage, M. et Mme Prudhomme, M. Prudhomme fils, et Mesdemoiselles Prudhomme se perdirent dans la foule, et disparurent à l'horizon.

M. de la Palisse se pencha vers moi et me dit :

— M. Prudhomme et Mme Prudhomme savent aussi bien l'un que l'autre élever leurs enfants.

Puis, avec une légère expression de gronderie :

— Je me fierai à vous une autre fois. Vous me laissez croire que nous sommes dans le salon des refusés, quand nous sommes dans le salon des admis.

Cela vous amuse de voir se tromper M. de la Palisse?

— Cela m'instruit. Les erreurs de M. de la Palisse sont plus vraies que les vérités de M. Prudhomme.

M. Prudhomme voit les choses comme elles sont; M. de la Palisse voit les choses comme elles devraient être. Ce n'est pas lui qui a tort, ce sont les choses.

Nous nous levâmes. Nous reprîmes notre promenade, bras dessus bras dessous.

M. de la Palisse remarqua dans la salle 8 (H), deux tableaux de M. Herman Herzog : 943, *Chûte d'eau en Norwége*, et, 944, *Hautes montagnes en Norwége* (1).

Mais à la vue de la *Bacchante* de M. Hugrel, n° 975, M. de la Palisse leva la canne comme s'il eût voulu battre le tableau, et le chasser. Puis, se tournant vers moi et me regardant en face :

— Voyons, me dit-il, êtes-vous bien sûr qu'il ne

(1) M. Herzog est Allemand. Il est né à Brême. Le livret donne ainsi son adresse : A Dusseldorf, et à Paris, chez M. A. W. Schulgen, rue Saint-Sulpice, 25.

s'est pas glissé ici par mégarde quelques tableaux refusés ?

— Très sûr.

— Si j'étais du jury!....

En sortant de la salle 8, on débouche dans le deuxième grand salon. Le tableau qui le premier s'offrit à nous porte le n° 1314.

— Encore une Bacchante! s'écria M. de la Palisse.

— Vous êtes dans l'erreur, monsieur de la Palisse; ce n'est pas une bacchante, c'est une sainte Madeleine,

— C'est impossible !

— 1314 : *Sainte Madeleine*. Cela vous étonne, monsieur de la Palisse? vous ne pouvez en croire vos yeux? Cette profanation...

— Sainte Madeleine! sainte Madeleine! en êtes-vous bien sûr?

— Très sûr.

— Mais cette femme hideuse est à peine vêtue; le peu qui lui reste de sa robe s'apprête à tomber par terre.

— Le peintre a voulu exprimer par là qu'elle se convertit. Sous prétexte de quitter ses habits mondains, cette femme hideuse se déshabille, elle étale devant le public une chair d'un jaune épais couleur de pommade. On enverra cela dans une Église.

— Dans une Église! dans la maison de Dieu! cette bacch.....

— Tiens, maman, disait derrière nous la seconde demoiselle Prudhomme, regarde donc cette Madeleine! te souviens-tu? il y en a une comme cela dans la petite Église de ***.

— Sans doute, Mademoiselle, c'est un don de votre père,

— Oui, dit M. Prudhomme en se rengorgeant, le curé était bien fier ce jour-là ! il m'a proposé de devenir marguillier. C'était un bon vivant ! ce n'était pas un fanatique ; c'était un de ces prêtres éclairés qui veulent faire marcher la religion avec le siècle..... J'ai été un moment bien embarrassé, je ne savais quel cadeau lui faire. Ces tableaux de sainteté ! Heureusement, il y a les Madeleines qui autorisent l'étude du nu, et qui permettent de faire, jusque dans l'Église, une petite place au beau.

Fort heureusement, la famille Prudhomme passa sans nous apercevoir.

Le deuxième salon d'honneur regorge de tableaux religieux : Annonciation, Transfiguration, Jésus-Christ au jardin des Oliviers, Jésus-Christ aux enfers. Par malheur, ces tableaux sont déplorables. Pour rompre la monotonie, on a mis dans le deuxième salon d'honneur un tableau de M. Feyen-Perrin, qui représente M. Velpeau donnant une leçon d'anatomie, et un tableau du même, qui, sous ce titre : *Une grève*, représente une femme nue et verdâtre couchée sur le ventre, au bord de la mer.

Devant ces deux tableaux, qui sont à côté l'un de l'autre, M. de la Palisse me dit :

— Je comprends un cadavre dans un cours d'anatomie ; mais pourquoi mettre un cadavre au bord de l'Océan..... Après cela, c'est peut-être une noyée.

Je ne répondis rien.

Salle 9 (I J) :

— A la bonne heure! Ceci est bien.

— 981 : *La Sainte Vierge avec l'Enfant Jésus.*

— Le nom de l'auteur, s'il vous plaît?

— François Ittembach, né à Konigswinter (Prusse Rhénane). Il habite à Dusseldorf, et à Paris, chez M. A.-W. Schulgen.

— En effet, je me souviens d'avoir déjà vu, chez M. Schulgen, ce remarquable tableau. Il me semble qu'en Allemagne on a, plus qu'en France, le sentiment de la peinture religieuse. Qu'en dites-vous?

— Si M. Prudhomme vous entendait, Monsieur de la Palisse, il vous accuserait de manquer de patriotisme.

M. de la Palisse ouvrit de grands yeux :

— Pourquoi cela?

— Il dirait que vous exaltez la peinture étrangère au détriment de la peinture nationale.

— Je ne connais ni peinture étrangère ni peinture nationale, je ne connais que la bonne et la mauvaise peinture.

— Parce que vous êtes M. de la Palisse.

— Voilà un tableau qui me plaît!

— Lequel, monsieur de la Palisse?

— Celui-ci, n° 986. Il me semble que je reconnais Dante.

— En effet, *Dante à Rome,* dit le livret.

Et le livret ajoute :

« Il vient frapper à la porte d'un monastère

« Que voulez-vous, lui demande le Père chargé de
« le recevoir? — Le repos! répond-il. »

L'auteur de ce tableau s'appelle M. Claudius
Jacquand.

— A la bonne heure! voilà un peintre qui sait
le français; il connaît le sens du mot *repos*. Ce n'est
pas comme celui de là-bas!

Le dessin et la couleur s'harmonisent bien; il y a
de l'expression. Je fais mon compliment à l'auteur
de ce tableau.

Salle 10 (K L M) :

M. de la Palisse admira le tableau de M. Maze-
rolles, qui représente *Elie ressuscitant une morte*
(n° 1325). La tête du prophète lui parut fort belle.

Salle 11 (L M) :

Le tableau de M. Morten Muller : *Dans les hautes
montagnes de la Norwége* (n° 1412), parut très remarquable à M. de la Palisse.

— Si M. Prudhomme...., lui dis-je.

— Quoi?

— Encore un étranger! M. Muller, dit le livret,
est né à Holmestrand (Norwége). C'est un élève de
l'Académie de Dusseldorf. S'il est admis à l'Exposition, c'est parce qu'il a pris domicile à Paris, chez
M. Schulgen.

— Je félicite l'Administration de ne pas avoir
compris le patriotisme à la façon de M. Prudhomme.
Entre un Français qui plonge l'Art dans la boue, et
un étranger qui l'emporte sur les hauteurs pour le
purifier, M. de la Palisse n'hésite pas.

— Encore un étranger. M. Lindlar, né à Berg-

Gladbâch (Prusse-Rhénane). Encore un élève de Dusseldorf. Au lieu de nous envoyer une Bacchante, il nous envoie le *Glacier de Grindelwald* (n° 1233).

— Tant pis pour M. Prudhomme s'il n'est pas content !

Nous passâmes devant le n° 1388.

Ce tableau représente *Œdipe et le Sphinx*. Il attire la foule.

Un monstre, moitié femme nue, moitié panthère et griffon, s'accroche à la poitrine d'Œdipe, représenté sous la forme d'un jeune homme jaune.

M. de la Palisse s'arrêta ébahi, et me dit à l'oreille :

— Est-ce que l'on trouve cela beau?

— Il faut croire.

— Est-ce que vous voyez là autre chose qu'un hideux mélange de laideur académique et de laideur réaliste?

— Non. Pas autre chose.

— Nous avions, sous le premier Empire, David, qui peignait des machines théâtrales. Vous avez aujourd'hui M. Courbet. Cela, c'est David revu par Courbet.

Après une pause :

— Qu'est-ce que j'aperçois? Encore la famille Prudhomme! Je ne m'étonne pas de les voir là!... J'ai un vif désir de les esquiver. Mais je serais curieux de les entendre.

Nous nous approchâmes modérément, perdus dans la foule, de manière à entendre sans être vus.

— Voilà, disait M. Prudhomme, voilà ce que

j'appelle de la peinture sérieuse ! La composition
est sage, quoique suffisamment mouvementée. Je
vois avec plaisir se relever enfin les saines traditions
de l'art classique, heureusement combinées avec
une dose raisonnable d'innovations romantiques.

Salle 12 (N O P) :

— 1211. *Le Nouveau-né, intérieur bas-breton,*
Cela doit vous plaire, monsieur de la Palisse?

— Oui, c'est charmant !

Après avoir reposé sa vue sur ce tableau, si vrai,
si simple, si vivant (1), M. de la Palisse se dirigea de
l'autre côté de la salle, et recula tout à coup, en me
disant :

— Qu'est-ce que c'est que cette vieille sorcière?

— N° 1151. Je vais consulter le livret. Mais évi-
demment, vous vous trompez encore, monsieur de
la Palisse ; ce ne peut être une sorcière, elle tient
une croix dans la main.

Je reculai à mon tour ; je venais de lire ces mots :
Madeleine expirante.

Nous avions devant les yeux une véritable sorcière. Le mot n'est pas trop fort. Il est impossible
de rendre l'effet que produit dans ces mains jaunes
et crispées, face à face avec le visage décharné de
cette vieille édentée, la croix vaincue et insultée
par cette agonie infernale.

Nous nous retrouvâmes dans le salon d'honneur,
où, cette fois, M. de la Palisse reconnut les œuvres

---

(1) Ce tableau, bien qu'il se trouve dans la salle N O P, est
l'œuvre de M. Eugène Leroux.

remarquables que le voisinage onéreux et compromettant de certaines toiles lui avait dérobées la première fois.

Il nous restait à visiter les salles de gauche. M. de la Palisse commençait à se fatiguer. A la vue des nouvelles salles qu'il fallait encore parcourir, j'éprouvai, en songeant à M. de la Palisse, un sentiment de commisération. M. Prudhomme ne se fatigue jamais : le pêle-mêle ne lui déplaît pas. M. de la Palisse, au contraire, n'est à l'aise que dans l'ordre, et le pêle-mêle le fatigue.

Je résolus de le ménager.

Je n'eus pas le courage d'appeler son attention sur la *Sainte Marie Egyptienne*, que vous trouverez dans la salle 13 (P Q R) sous le n° 1509, et qui semble modelée sur la *Madeleine expirante*. Je n'osai pas davantage faire remarquer à M. de la Palisse, soit l'*Erigone* de M. Riesener, n° 1638, salle 14 (R S T), soit la *Nymphe* (n° 1639), du même, soit la *Madeleine abattue par la douleur* (n° 1778), femme nue, jaune et noire, qui tient une croix ! Ce dernier tableau est l'œuvre de M. Sellier, qu'il serait cruel de ne pas nommer après avoir nommé M. Riesener. Ces Messieurs voudront bien m'excuser de ne pas avoir dirigé vers leurs toiles les regards de M. de la Palisse. J'avais, je le répète, résolu de le ménager. Je me bornai à lui faire voir un beau portrait de M. Vitet, de l'Académie française, par M. Roux (n° 1689).

Cependant la famille Prudhomme s'était réunie

autour du tableau qu'elle cherchait depuis longtemps, et dont le titre nous est connu déjà : *L'Amour
lutinant l'Innocence*. L'Innocence est représentée sous
la forme d'une femme nue jaunâtre. Mesdemoiselles Prudhomme, en chœur, disaient à leur mère :

— C'est gentil !

Mme Prudhomme répondait à ses filles :

— C'est une idée allégorique.

M. Prudhomme disait sentencieusement :

— C'est coquet.

Le collégien considérait avec recueillement la
hanche jaunâtre de l'Innocence.

Chacun apportait sa pierre au monument.

Nous passâmes inaperçus.

Rien ne nous frappa dans la salle 15.

En traversant la salle 16, j'eus soin de ne montrer à M. de la Palisse ni *la Reine Bacchanal* de
M. Zuber-Bulher, n° 1993, ni le *Rêve* de Mme Adélaïde Wagner (n° 1959). Le rêve de Mme Adélaïde
Wagner est une femme nue blanchâtre. Je regrette
un peu les réflexions que M. de la Palisse n'eût
pas manqué de faire sur ce mauvais rêve.

Rien ne nous frappa dans la salle I, consacrée à
la lettre A (1) ; mais peut-être étions-nous fatigués,
voire même abrutis. Je fais mes réserves formelles
en faveur des œuvres remarquables.

(1) La salle n° 1 est située à l'une des extrémités du Palais, ce
qui fait qu'il est difficile de débuter par elle. Mais qu'importe !
L'ordre alphabétique n'étant pas l'ordre, il est indifférent de le
violer. M. de la Palisse en fit la remarque, et exprima le vœu d'un
classement intelligent.

Salle 2 (B) :

Je n'appelai l'attention de M. de la Palisse ni sur la *Baigneuse* de M. Bouguereau (n° 217), ni sur *La Cella Frigidaria*, de M. Boulanger (n° 221). Mais la *Baigneuse* de M. Bouguereau ne peut guère passer inaperçue. Son visage, perdu dans un coin du tableau, n'attire pas les regards ; mais en revanche l'envers de son torse occupe le centre. M. de la Palisse garda le silence. Le vieillard semblait regretter de ne plus pouvoir, comme au début, se croire au milieu des toiles refusées. Quant à *La Cella Frigidaria*, il ne la vit pas. Je lui porte envie.

En passant devant le n° 90, M. de la Palisse me dit à l'oreille :

— Ce pauvre monsieur qui s'est donné la peine de peindre ce tableau ne sait peut-être pas que l'histoire est pleine de beaux sujets.

— Le tableau représente une *Danseuse du Triclinium*.

— Ce pauvre Monsieur !

— M. Barrias ! Il a fait autrefois quelque chose de superbe, les *Exilés de Tibère*, une grande page d'histoire, un tableau qu'aurait pu contresigner Tacite.

— Et il s'est lassé de continuer? On ne l'a peut-être pas encouragé suffisamment? c'est dommage ! Je me souviens de ce tableau ; c'était admirable ! Comment ! c'est l'auteur des *Exilés de Tibère* qui nous donne aujourd'hui la *Danseuse du Triclinium?* Espérons que l'année prochaine il nous donnera mieux !

— C'est lui encore qui a fait ce tableau, dis-je à M. de la Palisse, en lui montrant le n° 89.

— Le sujet?

— *Épître à Auguste : Horace, Auguste et Mécène.*

— Mais le sujet n'est pas intéressant !.... Tâchez de faire parvenir à l'auteur mes compliments pour le tableau qu'il a fait autrefois et pour ceux qu'il est capable de faire, qu'il fera !

Il ne voudra pas faire mentir M. de la Palisse.

Salle 3 (B-C) :

— Regardez donc ce portrait, M. de la Pallisse.

— Parfait ! M. de Sacy en personne !

— Il y a dans cette figure beaucoup de spirituelle bonhomie ; mais, en même temps, on devine les défauts. On dirait que M. de Sacy vient de rédiger un de ces articles anodins et dangereux dans lesquels il demande poliment à M. Renan la permission de faire ses réserves sur certains points *délicats*, notamment sur l'existence de Dieu, l'immortalité de l'âme et la divinité de Jésus-Christ.

— Il y a longtemps, reprit M. de la Palisse, que je fais la guerre à M. de Sacy.

— Ces paysages me semblent remarquables, dis-je à M. de la Palisse, en lui montrant les deux tableaux de M. Bavoux (104, *Entre-roches sur le Doubs*, et 105, *Rochers sur le Doubs*).

— Oui, me répondit M. de la Palisse. Les rochers sont beaux, l'eau est d'une transparence merveilleuse. Elle donne envie de s'y baigner ou de la boire. Elle réfléchit merveilleusement l'image renversée du paysage. Seulement, on voit à peine le ciel. Il ne faut pas que la terre fasse oublier le ciel, n'est-ce pas ?

Après une pause, il reprit :

— Nous ferions peut-être bien de prévenir l'administration.

— De quoi, Monsieur de la Palisse ?

— Vous voyez bien ! Il y a un peintre qui, profitant de l'intervalle qu'on avait laissé entre les deux tableaux, s'est permis de placer entre deux paysages cette horrible femme nue et ce cygne.

— Mais M. de la Palisse, on a fait exprès.

— En êtes-vous bien sûr ?

— Très sûr ! On a craint la monotonie. On s'est dit que la poésie vit de contrastes.

— D'accord. Mais de contrastes entre le beau et le beau. Non pas de contrastes entre le beau et le laid. Comment appelle-t-on cette femme nue ?

— C'est une Léda.

(Nous avions en effet devant les yeux la Léda de M. Boutibonne. Ce n'était ni la première, ni la seconde, ni la troisième. Mais sa situation entre deux paysages lui donne une importance particulière.)

— Comment dites-vous ? reprit M. de la Palisse.

— Une Léda.

— Très bien ; j'entends. En effet, elle est bien laide. *Laidus, Laida, Laidum. Laida* est le féminin de *Laidus*. Très bien ! A merveille !

— Du tout, Monsieur de la Palisse, du tout. Vous n'y êtes pas.

Pendant ce dialogue, l'une des demoiselles Prudhomme disait à son frère le collégien :

— Toi qui est fort en mythologie, te rappelles-tu au juste le sujet ?

Le collégien répondait :

— Léda, c'est la mère de Castor et de Pollux. Le cygne, c'est leur père, c'est Jupiter déguisé. C'est pour cela que chez les marchands de porcelaine on voit Castor et Pollux dans la coquille de leur œuf.

Mlle Prudhomme, sans comprendre au juste, remercia son frère de son *érudition*.

Le collégien reprit :

— La dernière fois que nous avons fait des vers latins, on nous avait donné cela pour *matière*.

M. de la Palisse me dit alors :

— Décidément, est-ce que la famille Prudhomme serait une famille idolâtre ?

— Non, Monsieur de la Palisse, c'est une famille baptisée.

— Mais alors..... Pardon ! j'oubliais. Vous m'avez expliqué déjà qu'il y a plusieurs manières d'être idolâtre. J'ai de la peine à retenir ces explications-là. Excusez-moi.

Nous allions sortir de la salle 3. M. de la Palisse m'arrêta :

— Encore un tour, me dit-il.

— 181 : *la Première faute.* Regardez donc, Monsieur de la Palisse ! (Malgré mon sincère désir de ménager M. de la Palisse, je ne pus me contenir.)

— C'est une erreur du livret, ou du peintre. Ce ne peut être la première faute, c'est au moins la seconde ! Adam et Eve sont trop laids pour être encore innocents. Il y a longtemps, très longtemps même qu'ils ont péché pour la première fois.

La petitesse du tableau qui sous ce titre *le Cou-*

cher, et sous le n° 204, représente une femme rosâtre se déshabillant *à posteriori*, me permit d'é-
pargner à M. de la Palisse la vue de cette horreur.
Mais je ne pus lui cacher la femme nue jaunâtre
du n° 304.

— Décidément, me dit-il, est-ce que les peintres
sont maintenant comme M. Purgon? Est-ce qu'ils
ne savent plus *parler à des visages?* Est-ce qu'on
ne pourrait pas attirer leur attention sur la figure
humaine?

Salle 4 (C) :

— Encore! Encore! Encore !

Et M. de la Palisse leva la canne :

— Voyons donc! cela dépasse la permission. Si
vous avez, Mesdames, si vous avez par hazard un
visage, tournez-vous. Vous le montrez un peu quel-
quefois, mais à titre d'accessoire. Vous semblez
craindre qu'il ne nuise à l'effet du principal.

— Vous ne devineriez pas, Monsieur de la Palisse,
que ce tableau représente *la Chasse*.

— Je ne demande pas mieux que de donner la
chasse à toutes ces prostituées.

— Monsieur de la Palisse, lui dis-je, ne mettez
pas les sergents de ville dans une fausse position.
Ces mandataires de la morale publique vous ap-
plaudiraient au fond de l'âme. Mais leur devoir est
de veiller ici sur l'ordre matériel.

— J'éprouve en sortant de l'Exposition, me disait quelques minutes plus tard, d'une voix péné-

trée, M. de la Palisse, un sentiment de tristesse.
Voilà donc où en est l'Art français ! On dirait que
pour l'immense majorité de nos artistes Dieu , la
nature et l'histoire n'existent pas.

Je voudrais pouvoir élever la voix et formuler
un vœu : Si vous ne comprenez pas, dirais-je, que
vos prostituées peintes sont exactement le contraire
de l'Art, voici ce que demande M. de la Palisse. Au
moins, ayez une salle spéciale, une salle de tolé-
rance. Que le public ne soit plus condamné à tra-
verser tout cela pour découvrir à grande peine les
œuvres d'art, étouffées et déshonorées par l'obscène
voisinage de la laideur. Ceux qui aiment la char-
cuterie sauront où s'adresser. Ceux qui cherchent
le beau n'auront rien à démêler avec eux. Ayez, je
le répète, une salle spéciale, une *salle de derrière*.
On sera prévenu.

Aujourd'hui, les pères et les mères, qui mènent
là leurs enfants, se disent, pour s'excuser, que la
chair humaine est étalée partout..... Ils n'auront
plus cette excuse quand vous aurez parqué les prostituées peintes comme on parque les prostituées vi-
vantes.

Je vous laisse à deviner ce qu'aurait dit M. de
la Palisse s'il avait vu l'exposition de sculpture.
Je n'ai pas eu le courage de la lui montrer.

Paris-Vaugirard, imp. AUBRY, rue de l'Eglise, 6.

www.ingramcontent.com/pod-product-compliance
Lightning Source LLC
Chambersburg PA
CBHW030120230526
45469CB00005B/1729